Beskrajni potencijal žena

govor
Sri Mata Amritanandamayi

održan na samitu svjetske
mirovne inicijative žena:
"Stvaranje ženskog puta:
za dobrobit svjetske zajednice"

Jaipur, Rajasthan, Indija
7. ožujka 2008. godine

Mata Amritanandamayi Center, San Ramon
Kalifornija, Sjedinjene Države

Beskrajni potencijal žena

Prijevod s malajalama na engleski:
Swami Amritaswarupananda Puri

Nakladnik:
   Mata Amritanandamayi Center
   P.O. Box 613
   San Ramon, CA 94583
   Sjedinjene Države

—— *The Infinite Potential of Women (Croatian)* ——

Copyright © 2012 by Mata Amritanandamayi Mission Trust, Amritapuri, Kerala 690546, India
Sva prava rezervirana. Niti jedan dio ove publikacije ne smije se pohraniti u sustav za pohranu, prenositi, reproducirati, prepisati ili prevoditi na bilo koji jezik, u bilo kojem obliku, na bilo koji način, bez prethodnog dogovora i pismenog dopuštenja izdavača.

Prvo izdanje MA Centru: travanj 2016
Prijevod s engleskog na hrvatski: Vlatka Kralj

E adresa: amma.croatia@gmail.com
Internet stranica: www.ammacroatia.org
Evropska internet stranica: www.amma-europe.org

U Indiji:
   inform@amritapuri.org
   www.amritapuri.org

Amma i Dena Merriam, sazivačica Svjetske mirovne inicijative žena, tijekom zazivne molitve na samitu.

Samit je okupio nekoliko stotina sudionika s ciljem da razgovaraju kako žensko vodstvo može promijeniti religiju, politiku, ekonomiju i društvo u cjelini. Taj skup je spojio vjerske i duhovne vođe, političare, akademike i prosvjetitelje, zdravstvene stručnjake i aktiviste za ljudska prava.

Uvod

2008. godine na samitu Svjetske mirovne inicijative žena pod nazivom "Stvaranje ženskog puta: za dobrobit svjetske zajednice", okupilo se nekoliko stotina sudionika s ciljem da razgovaraju kako žensko vodstvo može promijeniti religiju, politiku, ekonomiju i društvo u cjelini. Taj skup je spojio vjerske i duhovne vođe, političare, akademike i prosvjetitelje, zdravstvene stručnjake i aktiviste za ljudska prava, kao i nekoliko desetaka mladih iz država u sukobu.

Samit je održan u hotelu Clarks Amer u Jaipuru, Rajasthan, gradu u sjevernoj Indiji, od 6. do 10. ožujka, što se podudaralo s vremenom Amminog godišnjeg *darshan* [viđenje svete osobe] programa u Pink Cityu, koji je bio 7. ožujka. Amma je održala topao i strastven govor pod nazivom „Beskrajni potencijal žena" o ugnjetavanju žena u različitim dijelovima društva.

Govor je na mnoge načine bio određeni nastavak Amminog govora s prvog samita Svjetske mirovne inicijative žena održane u sjedištu Ujedinjenih naroda u Ženevi 2002. godine, pod nazivom "Buđenje univerzalnog majčinstva."

Amma je 2002. godine isticala golemu moć ženske energije i rekla da se radi dobrobiti svijeta žene moraju pridružiti čelnim ljudima u društvu. S tim u vezi je Amma zamolila žene da vjeruju u sebe, a muškarce, ne samo da prestanu blokirati žene u usponu, već da im i pomognu. Ammina vizija je bila jedinstvena zato što je bila ustrajna u tvrdnji da se žene ne bi trebale uspinjati oponašajući muškarce, već kroz potpuno prihvaćanje i njegovanje svog urođenog majčinstva. Amma je rekla da je bît ženinog postojanja majčinska ljubav, suosjećanje, strpljenje i nesebičnost i da ni pod koju cijenu žena ne bi trebala odustati od toga. Amma je rekla da ako žena odbaci svoje ženske

Uvod

osobine, to će povećati trenutnu neravnotežu u svijetu. "Predstojeće doba trebalo bi biti posvećeno ponovnom buđenju iscjeliteljske moći majčinstva", rekla je Amma. "To je jedini način da ostvarimo naš san o miru i skladu u društvu."

U svom govoru u Jaipuru 2008. godine Amma je neprestano izražavala žaljenje zbog nestajanja ljubavi i uzajamnog poštovanja među muškarcima i ženama te ih je radi mira i sklada u svijetu pozvala na njihovo obnavljanje. "Žene i muškarci trebali bi zajedno spasiti naše društvo i buduće generacije od velike katastrofe", rekla je Amma. "Umjesto toga, današnja situacija izgleda kao da teretna vozila jure jedno prema drugom, a niti jedno se nije spremno pomaknuti kako bi propustilo ono drugo."

Nadalje: "Želimo li budućnost poput lijepog, mirisnog, u potpunosti procvalog cvijeta, žene i muškarci na svim područjima moraju jedni drugima pružiti ruke. Oni koji žele mir i zadovoljstvo u svijetu moraju postati brižni upravo sada, ovog trenutka. Želimo li obećavajuću budućnost, umovi i misli žena i muškaraca trebaju postati jedno. Ne možemo više čekati. Što više odgađamo, stanje u svijetu će postati lošije."

Amma se također usmjerila na konkretne stvari i u detalje govorila o situacijama u kojima su žene potlačene i izrabljivane, posebno se osvrćući na probleme prostitucije, silovanja, pornografije na internetu, sustava miraza, razvoda i ženska čedomorstva.

Amma je ponovila i svoje ideje iznijete 2002. godine, nastavljajući isticati koliko je važno da žene svoje živote temelje na kvalitetama povezanim s majčinstvom i traženjem ne izvanjske, nego unutarnje jednakosti. "Sve ima svoju osnovnu narav", rekla je Amma. "Svjetlo je narav sunca, valovi su narav mora i svježina narav vjetra. Ono što obdaruje jelena mirnoćom i lava okrutnošću njihove su izvorne naravi. Isto tako, žene i muškarci imaju svoje jedinstvene naravi koje ih čine različitima. To treba imati na umu i nikad ne zaboraviti."

Uvod

Amma je zaključila obraćajući se izravno ženama: "Žene već posjeduju sve što trebaju da bi zasjale u društvu. One su besprijekorne. Cjelovite su u svakom pogledu. Kad ih muškarci pokušaju omalovažiti, žene tome ne bi trebale podleći i nikad ne bi trebale vjerovati da su slabije od muškaraca. Žene su te koje su rodile svakog pojedinog muškarca na ovom svijetu. Budite ponosne zbog tog jedinstvenog blagoslova i krenite naprijed s vjerom u svoju urođenu moć. Nikad ne biste trebale o sebi misliti kao o slabom malom janjetu, već kao o lavicama."

Kad je Amma završila govor, zamolili su je za susret s grupom od 30-ak mladih "vođa" iz država diljem svijeta, uključujući mnoge države koje su trenutno u nekoj vrsti sukoba. Među njima su bile Afganistan, Irak, Iran, Pakistan, Indija, Šri Lanka, Tibet, Nepal, Kambodža, Laos, Tajvan, Južna Afrika, Nigerija, Indija, Meksiko, Izrael i Palestina.

U tom je trenutku predsjednica Inicijative žena, velečasna dr. Joan Brown Campbell, bivša predsjednica izvršnog odbora "Američkog ureda svjetskog vijeća crkava" prišla Ammi s molbom: "Amma, naš je san da jedan od rezultata ovog sastanka bude stvaranje vijeća ženskih duhovnih vođa iz cijelog svijeta. Nadamo se, ukoliko osnujemo takvo vijeće, da bismo mogli postati mjesto na koje će ljudi dolaziti kako bi

Amma se tijekom samita susrela s grupom od 30-ak „mladih vođa" iz država diljem svijeta, uključujući mnoge države koje su trenutno u nekoj vrsti sukoba. Među njima su bile Afganistan, Irak, Iran, Pakistan, Indija, Šri Lanka, Tibet, Nepal, Kambodža, Laos, Tajvan, Južna Afrika, Nigerija, Indija, Meksiko, Izrael i Palestina.

čuli žensku riječ, riječ mudrosti. A ti bi nam sigurno mogla dati najviše mudrosti. Amma, bi li voljela igrati vodeću ulogu u tom vijeću? Bili bismo počašćeni kad bi bila voljna tako stajati uz nas." Amma je s najvećom poniznošću pristala i kazala da će svakako učiniti ono što će moći.

Velečasne Brown i Dena Merriam, osnivačice i sazivačice Inicijative su nakon tog predstavile Ammi različite mlade ljude. Gledajući duboko u svakog od njih, Amma je pohvalila njihovu ranu sklonost duhovnosti i želju da se posvete poticanju mira. "Ti su mladi probudili i razvili duhovnu svijest u vrlo ranoj dobi. To je samo po sebi nevjerojatno i zaslužuje naše pohvale", rekla je Amma.

Amma je tad predložila da Inicijativa omogući i mladima igrati ulogu u novoosnovanom vijeću. "Budu li uspješni, to bi pomoglo svim narodima", rekla je Amma. "Udruže li se, bit će poput prekrasne duge."

Naglašavajući da su djela važnija od riječi, Amma je hvalila vrline mladih. "Mladi imaju energije zasukati rukave, trčati uokolo i raditi što je potrebno", rekla je Amma s osmijehom. "Vi ih samo morate voditi i podijeliti svoja iskustva s njima i tad mogu preuzeti vodstvo. Također ih treba podržati emocionalno, intelektualno i dati im u pravo vrijeme potrebne upute. Osobito se u sukobljenim područjima ljudi raduju nekom vodstvu. Ono što stvarno trebamo, nisu fizički sastanci, već sastanci srca. Trebamo *djelovati*. To je ono što je potrebno."

Amma je tad savjetovala mlade i čelnike inicijative da upamte kako ljudski napor nije dovoljan te da se bez Božanske milosti niti jedan plan ne može ostvariti. "Postanite ponizni", rekla je Amma. "Ostanite početnici do kraja, kao dijete obdareno nevjerojatnom vjerom i strpljenjem. To je najbolji put. Takav bi trebao biti naš stav prema životu i iskustvima koje nam život donosi. Tad ćemo stalno učiti. Naša tijela su narasla u svim smjerovima, ali ne i um. Da bi um narastao i postao velik kao svemir, trebamo postati kao dijete."

"Pa, krenimo dalje. Vratite se svojim cijenjenim područja, osjetite patnju ljudi i marljivo radite. Ima puno toga što trebamo naučiti. Učinimo ono što možemo. Neka nas sve blagoslovi Božja milost."

Ammino viđenje uloge žena u različitim područjima života, uključujući politiku i državnu upravu, pokazuje njezino cjelovito gledište, viđenje rođeno u njezinoj unutarnjoj spoznaji jedinstva i mira. Prema Ammi, osnaživanje žena ne znači odbacivanje muškaraca i sređivanje računa s njima. Naprotiv, Ammino viđenje je oprost, međusobno razumijevanje i ljubav. Samo djelovanja temeljena na tako širokom viđenju, mogu vinuti čovječanstvo u duhovne i materijalne visine.

Swami Amritaswarupananda Puri
Potpredsjednik
Mata Amritanandamayi Math

Beskrajni potencijal žena

govor
Sri Mata Amritanandamayi

Jaipur, Rajasthan, Indija
7. ožujka 2008. godine

Diljem svijeta vode se žestoke rasprave treba li ženama dati jednaka prava kao i muškarcima u svim sferama društva te o uvažavanju i poštivanju koja z toga slijede. To je dobro došao znak promjene. Žene su dugo tiho patile bez ikakva dijaloga. One su kroz povijest bile fizički, emocionalno i intelektualno iskorištavane i proganjane. Čak i u razvijenim zemljama poznatima po naprednim razmišljanjima, prava žena su još uvijek ograničena u mnogim područjima, iako intenzitet ograničavanja slabi. Ovo vrijeme promjene prisililo je muškarce da ženama osiguraju fizičku zaštitu, no i u današnje vrijeme muškarci nerado ženama osiguravaju okruženje slobodno od intelektualnih i emocionalnih nejednakosti i pritisaka, bilo na poslu, kod kuće ili u društvu. Dokle god je tako, sjena nad odnosima među ženama i muškarcima te nad cijelim društvom i dalje će postojati. Bez uzajamnog poštovanja i ljubaznog uvažavanja, životi žena i muškaraca bit će kao dvije udaljene obale, bez mosta koji bi ih spajao. Ako je žena povezana s muškarcem i muškarac sa ženom, moraju njegovati veće razumijevanje, mentalnu zrelost i intelektualno razlučivanje. Ako to nedostaje, društvo će biti obilježeno proturječnostima, neslaganjem i nemirom. Jednakost mora biti stvorena u umu. Danas našim umovima vladaju ideje o nejednakosti. Dokle god je tako, društveni rast i razvoj ostat će nepotpuni, poput napola procvjetalog cvijeta. Udaljavanje žena od financija i politike je kao odbacivanje pola razuma i snage društva. Muškarci moraju postati svjesni da se napredak društva i pojedinca može postići ako iskreno pozovu žene na suradnju u tim područjima. Forumi, promidžbene kampanje i organizacije koje su stvaratelji novih ideja i razvitaka su neophodni da bi se riješio ovaj problem. Međutim, puko umovanje neće popraviti situaciju. Trebamo otkriti fizičke i suptilne uzroke nejednakosti kako bismo došli do rješenja.

Žene kažu da nisu dobile status, pozornost i slobodu koju zaslužuju kod kuće, na poslu ili u društvu. Kažu da, ne samo da ih se ne poštuje, nego ih se čak tretira s prezirom. Muškarci ne vole čuti ovu istinu. Oni osjećaju da žene imaju preveliku slobodu, da su postale arogantne i da zanemaruju svoje domove i djecu. Prije nego što zaključimo koje je od tih gledišta ispravno, moramo razumjeti kako je ovakva situacija nastala te ući u njenu srž. Ako to uspijemo, lakše ćemo promijeniti zablude.

U prošlosti su se mišljenja poput: „Čovjek je nadmoćniji od žene, ona ne treba slobodu niti ne zaslužuje jednako mjesto", ukorijenila u svijesti većine muškaraca. Žene su pak sasvim drukčije. One osjećaju: „Muškarci su tako dugo gospodarili nama i iskorištavali nas, dosta nam je toga, sada ćemo ih naučiti lekciju, ne postoji drukčiji način".

Oba ta stava su puna srdžbe i neprijateljstva. Danas takve razarajuće misli kontroliraju i žene i muškarce, napuhujući njihova ega i produbljujući problem. Da bismo oslobodili svoje umove, moramo napustiti natjecateljski način razmišljanja "Tko je bolji?"

Jednom se održavalo neko vjenčanje. Kad su muž i žena nakon vjenčanja morali formalizirati brak potpisivanjem u knjigu vjenčanih, muž se prvi potpisao. Nakon tog se trebala potpisati žena. Čim se potpisala, muž je viknuo: "Gotovo je... sve je gotovo! Želim odmah razvod!"

Matičar i ostali prisutni bili su zaprepašteni. Matičar je pitao: "Hej, što se događa? Želite razvod odmah nakon vjenčanja? Što se dogodilo?"

Mladoženja je rekao: "Što *se dogodilo?* Samo bolje pogledajte! Evo, pogledajte moj potpis. Sad pogledajte njezin! Vidite li kako je njezin velik? Recite mi da li se itko potpisuje preko cijele stranice? Razumijem što to znači. Nisam budala. U našem životu ona će biti velika, a ja ću biti malen. Tako ona misli. Zaboravite! Ona me neće omalovažavati!"

Danas kad muškarac i žena pokušavaju hodati rukom pod ruku, njihovi koraci slabe od samog početka.

Žene preispituju pravila i propise koje je nametnulo društvo i počinju se buditi i napredovati. No, zbog uvriježenih stavova i tradicija, muškarci im ne dopuštaju da se probude.

"Mi smo, zapravo, dali ženama slobodu", kažu muškarci. Ali, kakvu?

Muškarac je darovao prijatelju dragocjeni dragulj. No, počeo se žaliti odmah onog trenutka kad mu ga je dao: "Baš šteta! Nisam mu ga trebao dati." Nastavio je tugovati i govoriti što je učinio. I ne samo to, nego je počeo pronalaziti načine kako da ga vrati. Na sličan način su muškarci dali ženama slobodu. Zapravo, sloboda nije nešto što pripada muškarcima da bi je mogli dati ženama, one na nju imaju pravo po rođenju. Muškarci su je oteli i prisvojili.

Muškarci su u prošlosti imali slobodu i mogli su činiti što su htjeli jer su samo oni radili. Zbog kontrole nad financijama su i sve ostale bitne stvari bile u njihovim rukama. Tako su ostvarili vlast i zarobili žene. Radili su i dalje svoje poslove, držeći ključ u svojim rukama. No, sad se situacija promijenila. Žene su bile zaključane, no vrata su otvorile iznutra i oslobodile se. To su učinile zato što su danas žene obrazovane, imaju radna mjesta i mogu stajati na vlastitim nogama. Muškarci moraju shvatiti da su se vremena promijenila.

Prije su žene bile zatvorene unutar kaveza društveno stvorenih pravila. Mnoge generacije žena su morale promatrati dogme i živjeti u poslušnosti. Nad ženama su provodili pravila poput: poštuj muškarce; ništa ne pitaj; napravi kako ti je rečeno. One zbog tog ugnjetavanja nisu bile u stanju pokazati svoje talente.

Posađena biljka kao što je bonsai, ne cvate niti ne daje plod. Nije li ona samo ukrasni predmet? Isto tako su doživljavali žene, samo kao objekte muškog zadovoljstva i sreće. One su bile poput tambure, samo da poprate muškarčevu pjesmu.

Jednom je jedan novinar posjetio stranu zemlju da bi istražio neku priču. U gradu je primijetio skupinu ljudi kako hoda ulicama. Muškarci su hodali ispred, a žene su ih slijedile noseći djecu na rukama i teški teret na ramenima. Taj prizor novinar je vidio svugdje kud je prolazio. Pomislio je: "To je strašno. Zar su muškarci tako staromodni?"

Nakon nekoliko mjeseci izbio je rat u toj zemlji. Da bi shvatio poslijeratne okolnosti, novinar je ponovno posjetio zemlju. Tog je puta vidio upravo suprotno. Sad su žene bile naprijed, a muškarci su hodali iza njih noseći djecu i teret. Novinar se obradovao misleći: "Koju nevjerojatnu promjenu je rat donio!" Pitao je jednu ženu o toj promjeni. Nakon što je to učinio, začuo je eksploziju. Jedna od žena je stala na minu i poginula. Žena koju je intervjuirao je rekla: "Vidite li promjenu? Ovo je samo novi način koji su muškarci smislili kako bi zaštitili sebe!"

To je samo primjer. Neka se takva situacija nikad ne dogodi. Svatko misli samo na vlastitu sigurnost. Muškarci bi trebali biti sretni, no ne na račun sreće žena.

U nekim državama su ljudi čak vjerovali da žene nemaju dušu. Ako je muškarac u toj državi ubio svoju ženu, nije bio kažnjen. Uostalom, kako bi se moglo smatrati zločinom ubijanje nekog tko nema dušu?

"Žene su slabe, one trebaju muškarce da ih zaštite", tako su mislile mnoge generacije. Društvo je dodijelilo muškarcu ulogu zaštitnika. No, muškarci su iskoristili ovu ulogu kako bi izrabljivali žene. U stvari, muškarac se ne smije postavljati ni kao zaštitnik ni kao onaj koji kažnjava žene. On bi trebao surađivati sa ženama i sa spremnošću i otvorenog uma omogućiti ženama da i one budu voditeljice društva.

Mnogi pitaju: kako je nastao takav muški ego? Prema *Vedanti* [filozofija nedualnosti], krajnji uzrok može bit *maya* [obmana], ali na osnovnoj razini bi mogao postojati još jedan uzrok. Ljudi su u davna vremena živjeli u šumama, boravili u špiljama ili u nastambama na stablima. Budući da su muškarci fizički jači od žena, oni su išli u lov i štitili obitelji od divljih životinja. Žene su uglavnom ostajale kod kuće brinući se za djecu i radeći kućanske poslove. Kako su muškarci donosili hranu i kožu za odjeću, mogli su razviti ideju kako je ženin opstanak ovisan o njima, da su oni gospodari, a žene sluge. Žene su jednako tako počele gledati na muškarce kao na svoje zaštitnike. Na taj način se razvio muškarčev ego.

Žena nije slaba i nikad ne bi trebalo tako na nju gledati, no njezino prirodno suosjećanje i pokazivanje simpatije su vrlo često pogrešno tumačili kao slabost. Osloni li se žena na svoju unutarnju snagu, može postati jača od

Beskrajni potencijal žena

muškarca[1] Muško društvo bi joj iskreno trebalo pomoći da shvati i prizna svoju prikrivenu snagu. Uskladi li se žena s tom unutarnjom snagom, ovaj svijet može postati raj. Ratovi, svađe i terorizam će prestati. Nepotrebno je reći da će ljubav i suosjećanje postati sastavni dio života.

Amma je čula za slučaj koji se dogodio u ratu u jednoj afričkoj zemlji. Mnogo ljudi je umrlo u tom ratu. Iako su žene činile 70% stanovništva, nisu zbog tih gubitaka izgubile hrabrost. Udružile su se te su kao pojedinke i grupe pokrenule male poslove. Zajedno su odgajale svoju djecu i siročad. Ubrzo su postale izuzetno snažne, a njihova cjelokupna situacija se značajno poboljšala. To dokazuje da se, ako tako odluče, žene mogu oporaviti od uništenja i postati snaga na koju se može računati.

Zbog takvih slučajeva ljudi zaključuju: "Da žena vlada, mnogi nemiri i ratovi mogli bi se

---

[1] U Indiji, vrline koje su povezane s muškarcima su hrabrost, razlučivanje i odvojenost. Ženske vrline su ljubav, suosjećanje i strpljenje.

izbjeći. Uostalom, žena bi poslala vlastitu djecu na bojno polje jedino nakon pomnog razmatranja je li to uistinu nužno. Samo majka može razumjeti bol onog koji je izgubio svoje dijete."

Ako se žene ujedine i ostanu zajedno, mogu donijeti mnogo poželjnih promjena u društvu. No, muškarci ih također trebaju poticati tom zajedništvu. Žene i muškarci zajednički bi trebali spasiti naše društvo i dolazeće generacije od velike katastrofe, to je ono što Amma želi reći.

Umjesto toga, današnja situacija izgleda kao da teretna vozila jure jedno prema drugom, a niti jedno se nije spremno pomaknuti kako bi propustilo ono drugo.

Pogledi, pristupi i aktivnosti muškaraca i žena se razlikuju. Te su se razlike mijenjale zavisno od vremena, mjesta i kultura. Bez obzira na to, hrabre žene su živjele u svim dobima. One su se oslobodile kaveza u kojem su bile zatočene te pokrenule revolucije. Indijske princeze poput Rani Padmini, Hathi Rani, Mirabai i Jhansi Rani simboli su takve hrabrosti i čistoće.

Beskrajni potencijal žena

Slični ženski dragulji postoje i u drugim zemljama. Primjeri su Florence Nightingale, Ivana Orleanska i Harriet Tubman. U kojim god prilikama su trebale djelovati, žene su zasjenile muškarce na svim poljima. Žena je uspjela u tome jer je darovita i snažna.

Žena u sebi ima nepobjedivu snagu. Oslobodi li se iz mračne zatvorske ćelije svog uma i emocija, može se vinuti u nebo beskrajne slobode.

Jednom se, slučajno, mladi orao našao među leglom pilića. Majka kokoš ga je podigla kao vlastito pile. Mladi orao je odrastao poput pilića hraneći se crvima iz zemlje. Tako je orao mislio da je tek pile, ne znajući za svoju sposobnost letenja i lebdjenja zrakom. Jednog dana je drugi orao primijetio goluždravog orla s pilićima. Kad je "orao pile" ostao sam, "nebeski orao" je sletio do njega i odveo ga do jezera. "Nebeski orao" mu je rekao: "Dijete moje, zar ne znaš tko si? Evo, pogledaj mene i pogledaj svoj odraz u vodi. Ti, kao i ja, si orao koji može letjeti nebom, a ne pile okovano za zemlju."

Orao je postupno shvatio svoju snagu, a zatim je, raširio svoja krila i vinuo se u nebo.

Široko nebo je orlovo pravo po rođenju. Žena isto tako ima potencijal da se uzdigne u beskrajno nebo snage i slobode. Ali prije nego što ta sloboda postane stvarnost, žena se mora pripremiti za to. Misli o nemoći i opterećenost brojnim ograničenjima i slabostima je koče. Ona se najprije mora osloboditi takvog načina razmišljanja. Tada će se promjena spontano pojaviti u njoj. Međutim, ona ne bi trebala pogriješiti i zamijeniti slobodu Sebstva sa slobodom tijela.

Nadalje bi Amma željela reći da bi se žene trebale odreći svoje sklonosti pronalaženja grešaka kod muškaraca. Muškarci trebaju ženinu fizičku i emocionalnu podršku. Zapravo je istina da muškarci nemaju visoko mišljenje o ženama. Međutim ih ne možemo u potpunosti kriviti za to. Stare tradicije i okolnosti u kojima su odgajani, usadile su im takav pogled. Na primjer, ako se Amerikancu koji je došao u Indiju, kaže da prestane jesti nožem i vilicom, već da jede rukom, možda to neće moći učiniti odmah. Slično je s nečijim osobnim navikama koje se ne mogu brzo promijeniti. Isto tako je nerazumno od muškaraca očekivati da se odmah promijene. Trebali bi početi funkcionirati na način koji im je do tada bio nepoznat. Ako tko padne ispred slona, slon će podići svoju nogu i stati na njega. Čak i slonić će to učiniti. Ukorijenjena narav ima jaku moć. Umjesto da okrivljujemo muškarce, trebamo ih strpljivo i s ljubavlju nastojati postupno mijenjati.

Pokušamo li na silu otvoriti latice cvijeta dok je on još pupoljak, njegova ljepota i miris će nestati. Moramo cvijetu dopustiti da prirodno procvjeta. Isto tako, osuđivanje muškaraca ili zahtijevanje da se brzo promijene i pritisak nad njima negativno će utjecati na obitelji i društveni život žena i muškaraca. Dakle, muškarci bi trebali razumjeti mentalnu sklonost žena i obratno.

Misao: „Moramo ići dalje", je u središtu pažnje većine žena. Istina je da žene moraju ići dalje, ali se istodobno trebaju osvrtati natrag kako bi vidjele slijedi li ih dijete, a ne odbacivati svoju roditeljsku odgovornost. Zbog dobrobiti svoje djece, majka bi trebala imati barem malo strpljenja. Nije dovoljno da djetetu dade prostor u svojoj utrobi, već mu mora dati prostor i u svome srcu.

Majčinstvom treba izraziti cjelovitost, ljepotu i miomiris budućeg društva. Majka je prvi učitelj i zato najviše utječe na dijete. Što god majka učinila, dijete će to usvojiti. Majčino mlijeko nije samo hrana za djetetovo tijelo. Ono također razvija djetetov um, razum i srce. Isto tako će životne vrijednosti koje je majka prenijela svom djetetu, njemu dati snagu i hrabrost u budućnosti. Budući da su žene rodile i podigle muškarce, kako je moguće da nisu jednake s njima? Samo ako se majke probude i potrude, moguće je novo doba ljubavi, suosjećanja i napretka.

Nekoć davno je trudna kraljica pozvala svog astrologa kad su počeli porođajni bolovi. On je predvidio: "Za nekoliko sati počinje najpovoljnije vrijeme za porođaj. Ako se dijete tada rodi, rodit će se dječak koji će biti oličenje svih plemenitih osobina. Bit će blagoslov zemlji i narodu." Čuvši to, kraljica je dala vezati svoje noge za strop, glava joj je visjela, a ruke su joj dodirivale tlo. U blizinu je stavila sat da vidi kad će početi povoljno vrijeme. Kad se vrijeme približilo, zamolila je svoje prijatelje da je pripreme za porod. Rodila je u najpovoljnijem vremenu. Zbog trauma koje si je tako svjesno prouzročila, kraljica je umrla. Kasnije, kad je njezin sin postao kralj, neumorno je radio za dobrobit naroda i zemlje. Izgradio je mnogo hramova koji su odisali velikom ljepotom. Zemlja je procvjetala i ljudi su bili mirni, zadovoljni i sretni.

Današnji ljudi misle samo na ono što mogu dobiti. Ne bismo trebali razmišljati o onome što možemo dobiti, nego što možemo dati za dobrobit društva.

Unutarnja snaga žena teče poput rijeke. Ako rijeka naiđe na planinu, ona će je zaobići. Ako dođe do skupine kamenja, proteći će kroz njih. Ponekad će teći ispod ili iznad njih. Na isti način, ženska snaga ima sposobnost napredovanja k cilju prevladavanjem prepreka na koje naiđe. Muškarci moraju unutarnjoj snazi žena dati važnost koju zaslužuje. Radi zajedničkog rasta društva, muškarci bi otvorenog uma trebali prihvatiti i poticati žene.

U prošlosti su muškarci bili poput jednog traka jednosmjerne ceste. Sad bi trebali biti poput autoceste. Ne samo da bi trebali omogućiti ženama da se kreću naprijed, već im moraju dati trak. Muškarci mogu imati više mišića i fizičke snage od žena, ali umjesto da koristite tu snagu na potiskivanje žena, trebali bi ih podržavati. Organizacije bi trebale održavati sastanke s ciljem da se i ženama daju vodeći položaji. Ali bismo trebali zapamtiti da jednakost nije stvar moći ili položaja. Ona je stanje uma.

Žene i muškarci trebaju srcu pridavati istu važnost kao i umu. Trebaju djelovati uskađenim umom i srcem te biti uzori jedni drugima. Tada će jednakost i sklad sami doći. Jednakost nije nešto izvanjsko. Kokoš nikad ne može kukurikati kao pijetao. No, može li pijetao snijeti jaje? Usprkos vanjskim različitostima, jedinstvo uma je moguće. Struja se očituje u hladnjaku kao hladnoća, u grijaču kao toplina, a u žarulji kao svjetlo. Televizor neće imati iste osobine kao žarulja ni žarulja kao televizor. Hladnjak neće biti u stanju učiniti ono što može grijač i obrnuto. Međutim, električna struja koja teče kroz sve te uređaje je ista. Jednako tako, iako može biti vanjskih razlika između žena i muškaraca, svijest koja u njima boravi je jedna.

Sve ima svoju važnost u svemiru, ništa nije beznačajno. Iza svakog izraza stvaranja nalazi se značaj i svijest. Sve ima svoju osnovnu narav; neke stvari mogu biti 'velike', druge 'male'.

Svjetlo je narav Sunca, valovi su narav mora i svježina narav vjetra. Ono što obdaruje jelena mirnoćom i lava okrutnošću su njihove izvorne naravi. Jednako tako, žene i muškarci imaju svoje jedinstvene naravi koje ih čine različitima. To treba imati na umu i nikad ne zaboraviti.

U svom pokušaju da poraze muškarce, neke žene puše i piju kao i muškarci, zaboravljajući svoj dar majčinstva. To je opasno i neće donijeti traženu promjenu.

Muškarac nije bolji od žene niti je žena bolja od muškarca. Temeljna istina je da u kreaciji nitko nije nadmoćniji. Pripisujući nadmoć samo Bogu, žene i muškarci mogu postati instrumenti u službi Svemogućeg. Takvim pristupom, među njima može nastati istinska jednakost.

Danas vidimo sukob prošlosti i budućnosti. Muška zajednica koja stoji nespremna na nagodbu je simbol prošlosti. Ako želimo budućnost poput lijepog, mirisnog, u potpunosti procvalog cvijeta, žene i muškarci na svim područjima moraju jedni drugima pružiti ruke. Oni koji žele mir i zadovoljstvo u svijetu moraju postati brižni upravo sada, ovog trenutka. Želimo li obećavajuću budućnost, umovi i misli žena i muškaraca trebaju postati jedno. Ne možemo više čekati. Što više odgađamo, stanje u svijetu će postati lošije."

Ako se žene i muškarci ujedine, mogu uspostaviti zdravu vlast. No, kako bi se takva promjena postigla, potrebno je uzajamno razumijevanje i razgovor otvorena srca. Zmijski otrov može izazvati smrt, no također može biti pretvoren u lijek za spašavanje nečijeg života. Jednako tako, ako možemo pretvoriti svoje negativne misli u sposobnosti, još uvijek možemo spasiti društvo. Samo ljubav može preobraziti otrov negativnih misli u ambroziju.

Ljubav je zajednički osjećaj svih živih bića. Ljubav je put koji žene može približiti muškarcima, muškarce ženama, oboje prirodi i prirodu svemiru. A ljubav koja se preljeva preko svih granica je *vishwa matrutvam* [univerzalno majčinstvo].

Najveći procvat koji se može dogoditi na ovoj zemlji je procvat ljubavi. To je prekrasan cvijet prirodnih boja i mirisa, iako nastaje iz male biljke. Na sličan način, ljubav niče u ljudskim srcima, cvjeta i širi se. I žene i muškarci bi trebali dopustiti ovo unutarnje cvjetanje.

Nema ničeg dubljeg od snage i ljepote dva srca koja se vole. Ljubav smiruje um svježinom punog Mjeseca i svjetlucavim sjajem Sunčevih zraka. No, ljubav neće ući u naša srca bez dopuštenja. Žene i muškarci bi trebali zajedno pozvati ljubav koja čeka u njima. Samo ljubav može donijeti trajne promjene u razmišljanjima te novu stvarnost ženama i muškarcima.

Ako žena i muž žive u uzajamnom razumijevanju, sve veća otuđenost među njima će se smanjiti. Na taj način će se i problemi društva smanjiti. Danas žena i muž mogu reći samo kako bi obmanuli jedno drugo: "Živimo zajedno u međusobnoj ljubavi i vjeri." To je izmišljena ljubav. Ljubav se ne zamišlja niti glumi, nego živi. Ona je sam život.

Pretvaranje je kao nošenje maske. Bez obzira tko je nosi, treba je ukloniti. Inače će je vrijeme ukloniti. Ovisno o trajanju uloge pojedine osobe, netko će je ukloniti ranije, a netko malo kasnije. To je jedina razlika.

Kako je ljubav, koja je priroda i obveza čovjeka, postala maska? Čovjek je omalovažio sebe djelovanjem bez poniznosti i bez želje za sporazumom te je ljubav postala pretvaranje. Na primjer, ako samo stanete pokraj čiste rijeke i gledate u nju, hoće li vaša žeđ biti ugašena?

Kako bi ugasili žeđ, morate se sagnuti da biste popili vode. No, ako to ne učinite, nego i dalje samo uspravno stojite i proklinjete rijeku, hoće li vam to pomoći? Ako se predamo, možemo se lako ispuniti kristalnom vodom ljubavi.

Žene i muškarci su u današnjim odnosima postali poput tajne policije. Sumnjaju u sve što vide i čuju. Takva "sumnja" im krade dugovječnost i zdravlje te je doista ozbiljna bolest. Ljudi s ovom bolešću gube sposobnost suosjećajnog slušanja problema onog drugog.

Iako mnogi odnosi pate, ljubav nismo zauvijek izgubili. Umre li ljubav, svemir će umrijeti. Besmrtni žar ljubavi je u svima. Trebamo samo puhati u njega i raspirit ćemo plamen.

Svjedoci smo izumiranja sve većeg broja životinjskih vrsta. Hoćemo li isto tako dopustiti da ljubav izumre u ljudskom srcu? Kako bi spriječili izumiranje same ljubavi, ljudi moraju ponovno poštovati i obožavati božansku moć i temeljiti svoju vjeru na njoj. Ta snaga nije izvan nas. No, kako bismo je otkrili u sebi, moramo prilagoditi naš pogled. Na primjer, dok čitate knjigu, usmjereni ste samo na riječi, a ne i na papir na kojem su riječi uredno tiskane. Papir je podloga na kojoj su jasno ispisane riječi.

Pokušajte ovaj eksperiment s nekoliko ljudi. Prekrijte veliku ploču bijelim papirom. Napravite mali crni trag u središtu bijelog papira. Zatim pitajte prisutne: "Što vidite?" Većina ljudi će vjerojatno reći: "Vidim malu crnu točku." Vrlo malo njih će reći: "Vidim malu crnu točku u središtu velikog komada bijelog papira."

Čovječanstvo je danas kao što je ovaj primjer. Prvo moramo prepoznati da je ljubav sama jezgra života. Kad čitamo, svakako moramo biti u stanju vidjeti slova. Međutim, prilikom čitanja, moramo također biti svjesni papira koji je podloga. Danas, umjesto da gledamo van iznutra, nastojimo gledati izvana prema unutra. Na taj način nećemo moći ništa vidjeti jasno.

U svjetovnom životu, žene i muškarci imaju svoje potrebe i prava dok se natječu kako bi zaradili novac, položaj, prestiž i slobodu. Troše i ulažu puno vremena i truda kako bi sve to postigli. Usred svih tih napora, moramo pamtiti jednu istinu: Bez ljubavi nećemo postići sreću ili zadovoljstvo imenom, slavom, položajem ili novcem. Naš um, razum i tijelo moraju čvrsto biti temeljeni na čistoj ljubavi koja je središnji smisao života. Od vitalnog značaja je djelovati iz ovog centra čiste ljubavi. Tada će se razlike među ženama i muškarcima samo manifestirati u vanjskim oblicima te ćemo shvatiti da smo, u bîti, svi jedno.

Jaipur je idealno mjesto za ovu konferenciju. Zemlja ovdje svjedoči plemenitoj kulturi. Ovdje su rođene i živjele princeze čudesne hrabrosti i nadzemaljske čistoće. Svojim čistim mislima i moćnim žrtvama podupirale su dragocjene ideale u životu. Hrabrost i mentalna čistoća, kvalitete su koje žena treba posjedovati bez obzira na vrijeme ili mjesto gdje živi. Ako te kvalitete utka u svoj život, društvo će je staviti na postolje te će joj položaj, ime, slava i obožavanje koje zaslužuje, spontano doći.

Zapravo, čistoća uma je temelj hrabrosti, a ljubav je izvor čistoće uma. Samo ljubav može osloboditi žene i muškarce iz tamnih zatvora prošlosti i uvesti ih u svjetlo istine. Ljubav i sloboda su međuovisne. Ljubav može osvanuti samo u srcu koje je oslobođeno misli iz prošlosti. Tek kad ljubav postoji, um će postati slobodan. Kad um postane slobodan, čovjek postiže potpunu slobodu u životu.

Ako žele steći slobodu, jednakost i sreću, ljudi moraju ili voljeti jedni druge ili voljeti prirodu ili ostvariti svoje unutarnje Sebstvo. Vrijeme da se učini bilo što od ovog odavno je prošlo. Daljnje kašnjenje, u ovom trenutku, donosi veliku opasnost za čovječanstvo.

Mnoge žene dolaze Ammi plačući i pitajući: "Zašto nas je Bog stvorio kao žene?" Kad ih Amma pita zašto to pitaju, kažu: "Muškarci nas fizički i psihički zlostavljaju. Kad govore, govor im je pun omalovažavanja. Zbog toga počinjemo osjećati gađenje prema sebi." One smatraju da je biti rođen kao žena prokletstvo, a biti rođen kao muškarac bolje u svakom pogledu. Pod težinom svog osjećaja manje vrijednosti, ostale su bez snage da se zauzmu za sebe. Možda zbog takvih misli i iskustava žene počine ženska čedomorstva. Ispunjava ih strahom misao podvrgavanja još jedne žene takvom okrutnom svijetu.

Miraz je dugo bio nezakonit, ali ta činjenica nije umanjivala iznose koji su se davali i dobivali u brakovima.

Kako možemo prekinuti ovaj običaj davanja miraza, koji učvršćuje ideju da su žene drugorazredne i manjkave u odnosu na muškarce? Kako se siromašne obitelji koje se moraju boriti i da zarade za malo odjeće, mogu nadati da će prikupiti dovoljno novaca za miraz? Zbog toga neke žene ubijaju svoje novorođene kćeri.

U Indiji zakoni o razvodu nisu naklonjeni ženama. Kad slučajevi dolaze na sud, počinju pravi ratovi. Čak se i danas slučajevi vuku godinama. I na kraju svega toga žena dobije najviše 400 ili 500 rupija mjesečno. Nakon razvoda, žene koje imaju djecu, prisiljene su se samostalno brinuti za njih. Jadan iznos koji im je dodijeljen jedva je dovoljan za tjednu hranu. Kao rezultat toga, neke žene nemaju izbora, nego se okrenuti prostituciji. Amma je brisala suze mnogim ženama koje su prisiljene voditi dvostruki život, tjedan dana kod kuće, a tjedan u bordelu. Druge pokušavaju dobiti posao kao sluškinje. No, tada često trpe neizreciva zlostavljanja od ruku svojih poslodavaca koji nasrću poput lešinara na njihova bespomoćna tijela. Na kraju se i one okrenu prostituciji. Djeca krenu njihovim stopama i vrlo mlada počnu raditi u bordelima. Vrlo brzo na silu zatrudne. Njihovi makroi tada drže ove mlade žene kao taoce, uz prijetnju: "Ako odeš, nikad više nećeš vidjeti svoje dijete." Na taj način su prisiljene nastaviti.

Na zapadu su prostitutke svjesnije mogućih posljedica svojih postupaka i poduzimaju potrebne mjere opreza. No, u Indiji su te žene žrtve nebrojenih spolnih bolesti i njihovo je postojanje pretvoreno u pakao. Cijeli taj ciklus počinje zato što muškarci nedovoljno poštuju žene i zbog ženinog osjećaja manje vrijednosti koji zato nastaje.

Drugi problem koji danas vidimo je sve veći broj silovanja. Neki kažu da je to zato što se suvremene žene provokativno odijevaju. No, to nije potpuno točno jer u davna vremena u nekim dijelovima društva, žene u Indiji nisu nosile bluze. Pokrivale su se samo jednim platnom. Bilo je neuobičajeno vidjeti da žena nosi i odgovarajući šal. Ipak su se tad silovanja rijetko događala. Zašto? Zato što su duhovne vrijednosti imale jak utjecaj na svakidašnji život i ljudi su imali svijest o *dharmi* [moralni kodeks; božanski zakon; čovjekova dužnost; pravda; pravednost] – tretirali su sami sebe s poštovanjem i brinuli se za čovječanstvo u cjelini. Zbog semafora i radarske kontrole, ljudi su prisiljeni poštivati ograničenja brzine. Znaju da će izgubiti dozvolu ako će biti zaustavljeni zbog prebrze vožnje više puta. Na isti način, u ta davna vremena, čak niti gladan čovjek ne bi ukrao zbog svojih duboko ukorijenjenih vrijednosti. Iako su muškarce privlačile žene, oni su držali samokontrolu. Zbog svoje svijesti o *dharmi* i rezultirajućem strahu, djelovali su u skladu s ispravnošću.

Napredak informacijske tehnologije uvelike koristi društvu. No, budući da ljudi koriste internet i televiziju bez odgovarajućeg razlučivanja, oni su postali još jedan pokretač silovanja i iskrivljenog ponašanja. Svatko može pristupiti neprikladnim internetskim stranicama. One pobuđuju životinjske nagone kod ljudi. Mnoge Zaljevske zemlje provode stroge mjere blokiranja pristupa tim stranicama. Indija bi također trebala razmotriti provedbu sličnih mjera. Neki ljudi mogu reći: "Svatko je slobodan; izbor je naše pravo po rođenju; to je sve dio suvremenog obrazovanja." Ali ako se suzdržimo od uvođenja takvih ograničenja kako bi umirili takve argumente, naše buduće generacije bit će uništene. Krv će biti na našim rukama.

U životu, *artha* [skupljanje novaca] i *kama* [ispunjenje želja] nisu dovoljni; prvo i najvažnije je postojanje svijesti o *dharmi* [pravednosti].

Prije završetka, Amma bi htjela dati nekoliko prijedloga za koje osjeća da bi mogli ženama donijeti stanovito olakšanje od patnje koju trenutno doživljavaju u društvu:

1. Žensko čedomorstvo je kažnjivo po zakonu, ali se ti zakoni ne provode. Vlada mora poduzeti potrebno kako bi osigurala da ljudi koji krše takve zakone budu izvedeni pred lice pravde.

2. Žene sa znanjem, obrazovanjem i financijskim bogatstvom trebale bi pomoći ženama koje su neobrazovane i financijski osiromašene. Međutim, svi ti napori trebali bi biti usmjereni vrijednostima i kulturi te nikad ne bi smjeli poslužiti kao sredstvo preispitivanja uvjerenja ili vjere mještana.

3. Kako bi se uspostavila ravnopravnost žena i muškaraca, važno je da žene postanu financijski neovisne. Zato je potrebno obrazovanje. Roditelji bi trebali osigurati svojim kćerima edukaciju koliko god je to moguće i tako im pomoći da stanu na vlastite noge. Kako dob nije prepreka obrazovanju, žene bi

trebale zajedno doći do kreativnih načina kako educirati nepismene žene.

4. Svaki put po rođenju ženskog djeteta bilo bi dobro da vlada izdvoji nešto novaca na njezino ime. Na taj način će do vremena kad će biti spremna za udaju, imati potrebna sredstva. Time bi se smanjila ženska čedomorstva.

5. Bilo bi lijepo da se više institucija brine o neželjenoj ženskoj djeci. Jedna takva organizacija se zove Majčina kolijevka. U društvu bi se trebala povećati svijest o takvim organizacijama.

6. U bilo koje doba noći žene bi trebale hodati same bez straha. Muškarci bi morali uložiti iskren napor da se to ostvari.

7. U sanskrtu, riječ za "miraz" je *stri dhanam*. *Stri* znači 'žena'; *dhanam* znači 'bogatstvo'. Muškarci koji su pohlepni kad razmišljaju o mirazu, trebali bi shvatiti da *stri **je** dhanam* - žene **jesu** bogatstvo stečeno brakom.

8. Kao što je važno za djevojke da imaju dobro obrazovanje, tako su važne i kampanje za osvješćivanje dječaka. Moraju dobro shvatiti kad su još mladi da žena nije roba za razmjenu

niti čovjeku lopta za udaranje. Ona je majka, vrijedna poštivanja i obožavanja.

9. U Indiji je stopa razvoda u porastu. Kad se par razvede na zapadu, muškarac obično mora plaćati alimentaciju dok se žena ponovno ne uda. No, u Indiji se takvi sustavi ne provode. To bi trebalo ispraviti.

10. Žene bi također trebale poticati muškarce u njihovom trudu da se ostvari ravnopravnost žena i muškaraca.

11. U određenoj mjeri, muško društvo je uspjelo u promicanju zablude da "žene nemaju snagu niti hrabrost." Došlo je vrijeme da se pokaže kako je to uvjerenje krivo, no ne osporavanjem ikoga ili natjecanjem s muškarcima. Kroz čistu esenciju majčinstva svojstvene svim ženama, koje se ne boje čak niti smrti i kroz nepoljuljano samopouzdanje koje je priprema za rađanje novog bića, žena stalno pokazuje svijetu da ona *jest* snaga i jak simbol hrabrosti.

Ako kažete osobi koja ima doktorat: "Vi nemate doktorat!", hoće li ona na bilo koji način izgubiti svoju diplomu? Ne. Isto tako, žene već posjeduju sve što trebaju da bi zasjale u društvu. One su besprijekorne. Cjelovite su u svakom pogledu. Kad ih muškarci pokušaju omalovažiti, žene tome ne bi trebale podleći i nikad ne bi trebale vjerovati da su slabije od muškaraca. Žene su te koje su rodile svakog pojedinog muškarca na ovom svijetu. Budite ponosne zbog tog jedinstvenog blagoslova i krenite naprijed s vjerom u svoju urođenu moć. Nikad ne biste trebale o sebi misliti kao o slabom malom janjetu, već kao o lavicama.

Vanjske oči i uši ljudi, zasićene sebičnošću i egoizmom, stalno su otvorene. Međutim, unutarnje oči kojima je potrebno vidjeti tugu drugih i unutarnje uši kojima je potrebno suosjećajno čuti priče o patnji, ostaju zatvorene. Ammina je iskrena molitva da se ovo srceparajuće stanje čim prije promijeni. Neka svi čujemo, brinemo se i odgovorimo na probleme drugih. Neka svi mole za sreću i mir drugih. Amma nudi ove molitve *Paramatmi* [Vrhovnom Jastvu].

||*Om Lokah Samastah Sukhino Bhavantu*||

www.ingramcontent.com/pod-product-compliance
Lightning Source LLC
Chambersburg PA
CBHW070637050426
42450CB00011B/3240